Fricción

Suzanne Barchers

Asesoras

Sally Creel, Ed.D.
Asesora de currículo

Leann Iacuone, M.A.T., NBCT, ATC
Riverside Unified School District

Créditos de imágenes: pág.18 Allesalltag Bildagent/
age fotostock; pág.25 Blend Images/Alamy; pág.24 Robert
Anton luhas/Alamy; pág.16 (izquierda) Bettmann/Corbis;
pág.32 Hillary Dunlap & Stephanie Reid-McGinley; pág.9
Nativestock/Getty Images; págs.12 (izquierda inferior),
17 (ambas), 20 iStock; pág.15 (izquierda) Muskegon Area
Sports; pág.11 (inferior) Cheryl Power/Science Source;
págs.28–29 (ilustraciones) J.J. Rudisill; todas las demás
imágenes cortesía de Shutterstock.

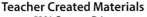

Teacher Created Materials
5301 Oceanus Drive
Huntington Beach, CA 92649-1030
http://www.tcmpub.com

ISBN 978-1-4258-4666-4

Contenido

¡Siente la fuerza!

¿Anduviste en bicicleta esta semana? Quizás fuiste a patinar o anduviste en moto o en patineta. Cada vez que usaste un freno o el pie para detenerte, empleaste una fuerza importante. Esa fuerza se llama *fricción*.

Cuando te mueves, usas energía. La fricción disminuye la energía. A causa de la fricción, no puedes hacer rodar tu bicicleta para siempre. La fricción quizás sea la fuerza más importante de todas. Sigue leyendo, y luego *tú* decides.

La fricción mantiene a esta niña en un lugar.

Este niño usa energía.

La fricción en acción

La fricción tiene muchos propósitos. ¡Sin ella, el mundo sería un lugar resbaladizo!

Para avanzar

La fricción se produce cuando dos cosas se tocan o se frotan una contra la otra. Contaste con la fricción cuando te levantaste esta mañana, aunque no lo sabías. La manta permaneció en su lugar cuando hiciste la cama. ¡Sin fricción, las medias se quedarían en los tobillos!

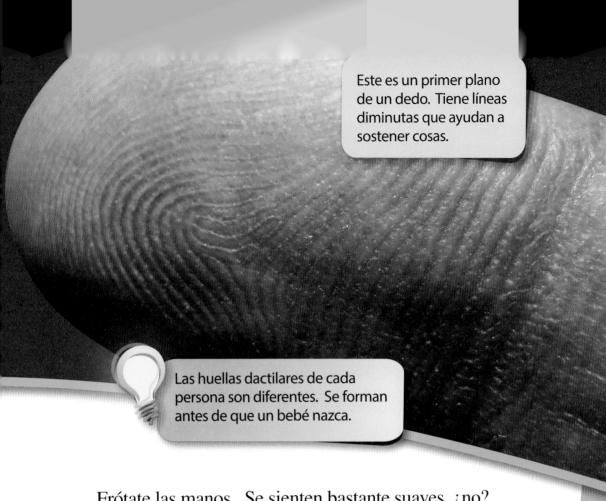

Este es un primer plano de un dedo. Tiene líneas diminutas que ayudan a sostener cosas.

Las huellas dactilares de cada persona son diferentes. Se forman antes de que un bebé nazca.

Frótate las manos. Se sienten bastante suaves, ¿no? Frótalas más rápido y se calentarán. Ese calor (un tipo de energía) proviene de la fricción. Tus manos no son perfectamente lisas, así que los bultos y las líneas que hay en ellas se frotan entre sí y causan fricción.

La fricción también ayuda a las personas a producir fuego. Las personas aprendieron a hacer fuego hace miles de años. ¡Hacían fuego con materiales simples, fricción y mucha energía!

Las primeras personas hacían nidos de pasto seco y hojas secas. Colocaban la rama de un árbol en una muesca sobre un trozo de madera. Hacían girar la rama entre las manos. Después de mucho trabajo, el pasto y las hojas comenzaban a resplandecer. Las personas soplaban suavemente y obtenían fuego.

Más fuego

Los fósforos también necesitan fricción para producir fuego. Este es el motivo por el que los adultos deben rasparlos contra el lado de la caja de fósforos.

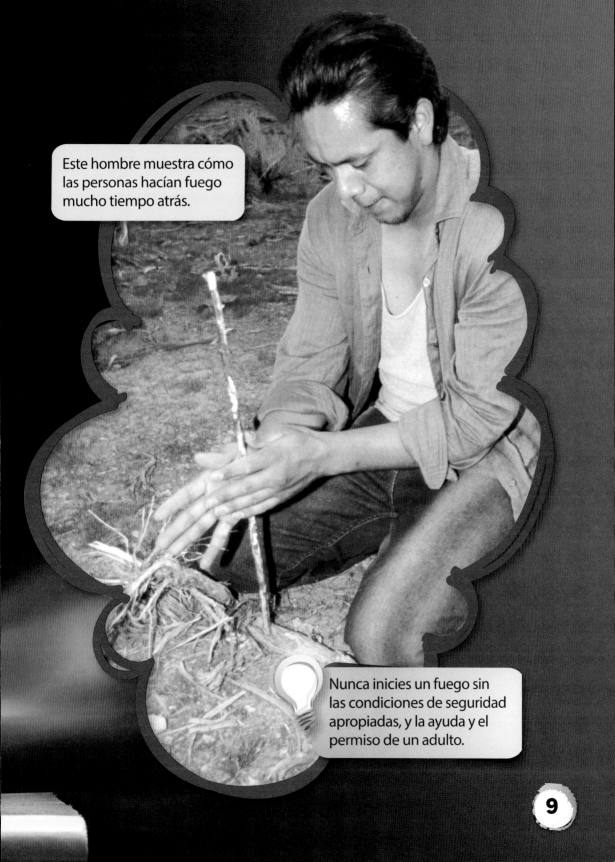

Este hombre muestra cómo las personas hacían fuego mucho tiempo atrás.

Nunca inicies un fuego sin las condiciones de seguridad apropiadas, y la ayuda y el permiso de un adulto.

La fricción no solo te ayuda a hacer fuego. Las huellas dactilares y los tenis también usan fricción. Las crestas de los dedos te ayudan a sostener un bolígrafo o una pelota. Las crestas en la parte inferior de los zapatos te ayudan a sujetarte al piso. Las botas de senderismo tiene crestas más profundas para lograr una mejor **tracción**.

Las moscas y algunos reptiles parecen caminar por cualquier lado, ¡incluso sobre el vidrio! Las patas tienen un aspecto liso. Pero tienen muchos pelos en la parte inferior de las patas que usan para sujetarse. Y esos pelos tienen una sustancia pegajosa que aporta a su tracción.

Pegados

La tracción ayuda a que las cosas se peguen. Quieres que tus zapatos tengan una buena tracción para no resbalarte.

Este es un primer plano de la pata de una mosca.

La fricción en el juego

La fricción nos ayuda cuando jugamos. Hay muchas cosas que podemos hacer ya que existe la fricción.

¡Métete en el juego!

Observa este calzado deportivo. Tiene tacos, que son bultos de metal o de caucho. Los tacos causan fricción para evitar que los jugadores se caigan. ¿Juegas béisbol, fútbol o fútbol americano? ¿Practicas atletismo? Entonces sabes lo importante que es tener una buena tracción al correr.

tacos de béisbol

tacos de fútbol

tacos de fútbol americano

Sin embargo, algunos atletas no usan calzado con tacos. Los escaladores usan calzado que los ayuda a que los pies se agarren a las rocas. Es posible que usen guantes sin dedos para tener un mejor agarre. ¡Los escaladores usan la fricción para poder divertirse!

Los escaladores usan la tracción para adherirse a las rocas.

En algunos deportes, los jugadores no quieren tener mucha fricción. Los patinadores sobre hielo quieren cuchillas afiladas y fluidas. Los patinadores realmente rápidos calientan el hielo y lo derriten con las cuchillas. ¡El hielo derretido los acelera aún más! Los practicantes de snowboard y los esquiadores ponen cera en las tablas para reducir la fricción. Quieren moverse rápidamente y con fluidez por la nieve. Cuando es momento de detenerse, se contorsionan y giran para disminuir la velocidad.

Esta practicante de snowboard empuja la tabla hacia delante para desacelerar.

Para otros deportes, se construye un equipo para lograr velocidad y para usar la fricción. Los patines en línea tienen frenos incorporados. Algunas patinetas también tienen sistemas de freno.

Estos patines en línea tienen frenos en la parte posterior.

SNURFING!
the greatest word in downhill fun since YAHOOOoo

Una tabla de nieve temprana

Sherman Poppen unió dos esquís para crear un nuevo juguete. La fricción ayuda al *Snurfer* (surfeador de la nieve) a deslizarse por una colina a la velocidad correcta.

¡A rodar!

¿Usas una mochila para transportar los libros? Colócala en el piso. No se mueve. Intenta arrastrarla por el piso unos pies. Se mueve, pero es pesada. Ahora intenta poner los libros en una mochila con rueditas. Es mucho más fácil de mover, ¿verdad?

La **fricción estática** mantiene las cosas en su lugar, tal como la mochila en el piso. Cuando arrastras la mochila, usas la **fricción por deslizamiento**. La mochila se mueve, pero hay mucho arrastre. Con el uso de ruedas, la fricción se reduce. Esto se denomina **fricción por rodamiento**.

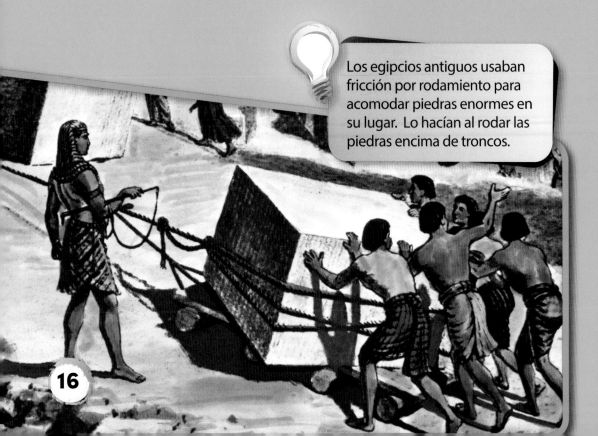

Los egipcios antiguos usaban fricción por rodamiento para acomodar piedras enormes en su lugar. Lo hacían al rodar las piedras encima de troncos.

La fricción por rodamiento hace que sea posible mover una mochila pesada con facilidad.

tirar

fricción por rodamiento

Arrastre

El arrastre es una fuerza. Reduce la velocidad de las cosas en movimiento. Cuanto más arrastre haya, más difícil es mover algo.

tirar

fricción por deslizamiento

Esta mochila tiene fricción por deslizamiento porque se mueve por el piso.

La fricción en el trabajo

¡La fricción nos ayuda a hacer el trabajo!

Siente el calor

Las máquinas se calientan por la fricción. Todas las piezas móviles se frotan entre sí. La fricción de esta frotación puede hacer que la temperatura aumente. ¡Y puede causar muchos problemas!

El aceite se emplea en los automóviles y los camiones para reducir la fricción. El agua se usa para enfriar muchos tipos de máquinas. Las piezas móviles de tu bicicleta deben lubricarse de vez en cuando. Usar el **lubricante** correcto ayuda a una máquina a durar más.

Andar bien

Puedes encontrar el aceite para bicicletas correcto en una tienda de bicicletas. Tu bicicleta durará más tiempo con el cuidado adecuado.

El aceite ayuda a este motor a funcionar sin dificultades.

La forma importa

Esperas en la línea de salida de una carrera. Escuchas que alguien grita "¡Fuera!" y comienzas a correr. Mientras corres más rápido, sientes el aire contra la piel y la ropa. Se siente como si hubiera viento, pero no es un día ventoso. Lo que sientes es un tipo de fricción llamado **resistencia del aire.**

El aire empuja contra estos niños mientras corren.

Este avión es largo y angosto para reducir la resistencia del aire.

Observa las imágenes del avión de combate y del dirigible. ¿Cuál tiene menos resistencia del aire? Los aviones y los dirigibles están diseñados para deslizarse por el aire. Los autos de carreras también están diseñados con líneas fluidas y lisas para reducir la fricción. Los automóviles, por otra parte, necesitan una buena tracción de los neumáticos. Es más seguro si no andan demasiado rápido.

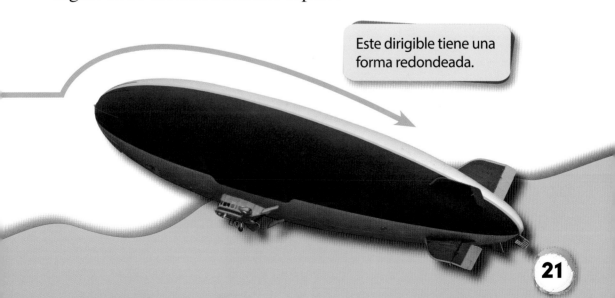

Este dirigible tiene una forma redondeada.

Esta lancha de carreras puede moverse a gran velocidad por el agua debido a su forma.

Energía hidráulica

Puedes estudiar la **resistencia del agua** la próxima vez que tomes un baño. Busca un bote de juguete y muévelo lateralmente de un lado hacia el otro en el agua. No se moverá tan rápido como cuando mueves el extremo puntiagudo a través del agua.

Los botes enfrentan dos retos: la resistencia del aire y la resistencia del agua. Una lancha de carreras tiene una forma fluida y lisa que ayuda a reducir la resistencia del agua y del aire. También la tiene una canoa. Una barcaza tiene un diseño diferente. Está construida para mover grandes cargas, no para ser veloz.

El agua en funcionamiento

El agua actúa como un lubricante en un tobogán de agua. Disminuye la fricción entre la piel y el tobogán.

Este bote no puede moverse tan rápidamente como una lancha de carreras debido a la resistencia del agua.

¡Una idea espeluznante!

¿Alguna vez has caminado sobre una alfombra en medias? ¿Recibes una descarga de vez en cuando? La fricción entre las medias y la alfombra genera **electricidad estática**. Este es el tipo de electricidad que se acumula en la superficie de las cosas y puede causar una descarga. Como la fricción está en todas partes, ¿por qué no poner esa fricción en funcionamiento?

Los inventores están trabajando justo en eso. Han hecho diminutos **generadores** con piezas que se frotan. Funcionan en gran medida como las medias sobre la alfombra. Las piezas que se frotan generan energía. Un día, este invento podría usarse en teléfonos celulares. ¡Con solo moverse se cargará la batería!

La fricción entre el tobogán y el cabello de este niño genera electricidad estática.

Los relámpagos son una forma de electricidad estática. Pero son mucho más fuertes que las pequeñas descargas que sentimos cuando tocamos la perilla de una puerta.

Grandes ideas

La fricción está en todas partes. ¿Pero podrías imaginarte un mundo sin fricción? ¡Todo se deslizaría y se resbalaría! Los automóviles se deslizarían por la calle. No podrías sostener un lápiz. No habría agarre ni fricción. Los edificios se caerían. Y los equipos deportivos patinarían por el campo de juego.

El hielo es resbaladizo porque no hay mucha fricción.

¿Qué crees? ¿Es la fricción la fuerza más importante?
Si alguna vez has derrapado en una carretera con hielo, sabes
lo importante que es la fricción.

Este automóvil se está deslizando porque no hay suficiente fricción.

¡Hagamos ciencia!

¿Qué superficie tiene más fricción? ¡Obsérvalo por ti mismo!

Qué conseguir

- banda elástica larga y resistente
- diferentes superficies (alfombra, madera, papel de aluminio, papel encerado o papel de lija)
- regla
- zapato

Qué hacer

1 Corta la banda elástica para que quede una sola pieza larga. Ata un extremo al zapato y coloca el zapato en el piso.

2 Estira el extremo de la banda elástica hasta que esté tirante, pero no tires demasiado como para que se mueva el zapato. Mide la longitud de la banda elástica estirada.

3 Escribe la longitud en un cuadro como este a la derecha. Repite con diferentes superficies. Observa el cuadro. ¿Qué superficie tiene la mayor fricción?

superficie	longitud
alfombra	
madera	
papel de aluminio	
papel encerado	

Glosario

electricidad estática: electricidad que se acumula en la superficie de las cosas en vez de seguir una corriente

fricción estática: la fuerza que evita que algo se mueva

fricción por deslizamiento: la fuerza que disminuye la velocidad de la energía cuando algo se desliza

fricción por rodamiento: la fuerza que disminuye la velocidad de la energía cuando algo va sobre ruedas

generadores: máquinas que generan electricidad

lubricante: algo que ayuda a que las piezas de las máquinas se deslicen y se muevan de manera más fluida

resistencia del agua: resistencia de un objeto que se mueve por el agua

resistencia del aire: resistencia de un objeto que se mueve por el aire

tracción: la fuerza que hace que una cosa en movimiento se adhiera a la superficie por la que se está moviendo

Reto de fricción

¡Sorprende a tus amigos con este truco! Necesitarás dos libros gruesos de tapas blandas. Coloca las hojas de los dos libros juntas como se muestra en la imagen. Hay mucha fricción a causa de la gran cantidad de páginas que se tocan entre sí. ¡Reta a tus amigos a separarlas!